ZEIT TEIL 2

EPILOG

Wie? Was? Der Epilog ist am Anfang? Denn bei meinen Möchtegern-Lesern blättern sie immer von hinten.... Und wenn tatsächlich einer/eine liest, ist es ja logisch wenn ein Prolog ist... Und beim Epilog ist natürlich die Danksagung: danke an Gerd Steinkoenig, das er so emphatisch ist/war, vielen Leuten zu seinen Büchern empfohlen zu haben. Vielen Dank an #BoD #amazon #thaliabuchhandlungen.

Gerd Steinkoenig 27. Juni 2024

KAPITEL 1 - PFALZKLINIK KLINGENMÜNSTER

Hatte wieder Halsschlagader-Ultraschall - alles gut! 3 Collagen in Pfalzklinik Klingenmünster mit 3 Mut-Sprüchen! (27.06.24)

DER STURM WIRD
IMMER STÄRKER.
DAS MACHT NICHTS,
ICH AUCH !

„Uhhh, ich
wünschte ich
könnte wie DU
sein"
Kapitel 1
Kapitel 12 !

Weitere Sprüche

ICH WURDE DAZU ERZOGEN,
DEN **HAUSMEISTER** GENAUSO
RESPEKTVOLL ZU BEHANDELN
WIE DEN **GESCHÄFTSFÜHRER.**

KAPITEL 2 - LETZTE WORTE

3 Fotos aus meinem Buch MITTE DES MENSCHEN (ISBN-Bildband 2023)! Meine letzten
Worte - aber in einem Tag oder in ein paar Stunden könnte es wieder anders sein... Beispiel
heute bei meinem Ergo: wir diskutierten über das "Institut" und er meinte, ich könnte einen
Rückschritt haben. Ich hätte doch meine Souveränität und ich sollte einfach lachen. Egal, was

die Leute reden. Ich antwortete zum Ergo, ich hatte es ja gemacht mit meiner Souveränität. Aber "SHE" hatte meine Bücher, Kreativitäten, Seele von mir zerstört. Mein Ergo meinte, er wundere sich nach relativ langer Zeit, das ich immer noch "drauf" bin. Und er meinte, ich sollte einfach über die Dinge stehen. Wäre doch egal, was "SHE" rumlabert über die Musik etc. Jetzt hab ich wohl meinen positiven Weg für die nächste Woche. Ich brauche jede Woche Leute als Betreuer:innen/Ergo um mich therapeutisch mich zu bestätigen oder Tipps einholen. S 2 dozierte: mach einfach Urlaub, nach langer Zeit ohne Urlaub, und dann... Heute kam der Ergo... Was schon "ewig" ist im "Institut": immer noch Bevormundungen, Ignoranz, Intrigen, aber dann doch gute Kumpels, Games, "Rotkäppchen". Einfach lachen, Souveränität, Selbstvertrauen mit Abwechslungen. Und natürlich meine Jobs als Katzenstreichler, hilfsbereit.de etc. Vielleicht neue Fortschritte! Vielleicht am FR (wenn's warm ist) mit einer gewissen Frau als Date... So langsam hab ich meine positiven Energien. Und mit den letzten Worten... Was ist nächste Woche im "Institut", was ist in Klingenmünster morgen mit meinem Ultraschall am Hals (Schlaganfall-Nummer), was ist mit meiner Mutter, hab ich endlich eine Partnerschaft mit dieser Date-Frau, was ist in 10 Jahren... Es sind schlicht und ergreifend meine letzten Worte aus 67 ISBN-Büchern von Januar 2017 bis Juni 2024 von Tagebuch bis Momentums, History, Musik, Fotos, Lebensphilosophie! Ich durfte es schreiben und ich bin dankbar. That's All, Fellows!

C P Gerd Steinkoenig 26. Juni 2024

PS: 27. Juni 2024 - wieder neue Gedanken, meine Betreuerin R.K. meinte, "SHE" hätte zu mir mehr Respekt haben sollen! Im Endeffekt meine Bestätigung...

KAPITEL 3 - MEINE LETZTE BUCH-LYRIC

.

MEINE LETZTE BUCH-LYRIC

Mein letztes Buch Nr 66 Teil 2

Mit meinem Leben in den Books

Kein Mensch liest alle meine Bücher

Dabei sind diese 67 Bücher EINS

Vielleicht liest jemand dieses Buch

Vielleicht die Books 6, 8, 30, 62

Oder keins oder nur geblättert

Bei mir ist ein roter Faden

Mit meinem Leben, Gedanken, Zeiten

Meine Schlaganfall-Synapse

Oft wiederholt über mein Danach

Über meine positive freie Reinheit

Über das Raubtier Mensch

Über das Raumschiff Erde

Über meine Musik, TV-Seien, Filme

Über meine Lebensphilosophie

Über meinen Erinnerungen, Erlebnisse

Über Großvater, Mutter, Vater

Über K-Town 1970er/80er

Über Mannheim 80er, Annweiler 2017

Über legendary Prosaen, Lyrics, Gedichte

Über "Lebenssonne", "Königspinguin"

Über "Idylle", "Samstage", "Mad Man Moon"

Über meine Fotografien mit Kunst

Wie zB das S/W-Foto Annweiler Bahnhof

Oder meine Lieblingsbaum-Fotos

Über Songtexte, Albumlisten, Links

Einige Fotobände, Pseudonyme von mir

Mit meiner alten Seele Michelle

Mit meiner Zeitläuferin Beatrice

Ich hatte ein kleines Romänchen

Ich hatte ein Kurzgeschichten-Book

Meine Bücher waren eine Spielwiese

Für meine Kreativitäten, Kunst

Über "Himmel", "A Day In The Life"

Über meine Freund:innen, Idealismus

Über meine Betreuer, Kliniken, Leibarzt

Ich habe mein Leben eingefangen

Und vieles doch wieder vergessen

Auch für meine no-isbn-Bücher

Wie "Das Eichhörnchen aus der Dimension"

Und natürlich bei meinen ISBN-Büchern

 Blood On The Rooftops (Januar 2017)

Danach (2019), Die Lebensschau (2024)

67 Bücher mit Tagebuch, Chronologie

2017 eine andere Kreativität

2021 eine andere Kreativität

2024 eine andere Kreativität

Ich lache über diese "Institut-Erzieherin"

Sie hat eben keine Horizonte

Sie hatte in Worten my books zerstört

Sie ist eben eine Gartenzwergekleinbürgerin

Ich bin gut, ich bin der Boss

Ich freue mich für meine kreative Freiheit

Schreiben in Schlaganfall-Klinik Alzey

Mit einem Fleischklumpen als Hand

Immer Kampf Mut Wille Disziplin

Aber sie hat keine Horizonte

Meine letzte Lyric, my life 1959-2024

Aber es geht weiter 2024 bis irgendwann

Mit Eigenschriften in einem Buch

Natürlich ab und zu facebook

Videos bei You Tube

Fotomöglichkeiten bei Instagram

Jetzt hab ich 5 % Akku

Das war's

C P Gerd Steinkoenig 25. Juni 2024

Foto: Gerd Steinkoenig

KAPITEL 4 - GAGS

WHATSAPP-GRUPPE
1973

Der*Erlkönig*in

Wer reitet so spät
durch Nacht und
Wind?
Es ist der*die Vater*
Mutter*Elternperson
mit seinem*ihrem
Kind;
er*sie hat den*das
Knaben*Mädchen
wohl in dem Arm,
er*sie fasst ihn*es
sicher, er*sie hält
ihn*es warm.

Mein*e Sohn*Tochter,
was birgst du so
bang dein Gesicht?
- Siehst, Vater*
Mutter*Elternperson,
du den*die
Erlkönig*in nicht?
Den*die
Erlkönig*in
mit Kron' und
Schweif? - Mein*e
Sohn*Tochter, es ist
ein Nebelstreif.

gegendert nach Johann Wolfgang von Goethe (1782)

OSchrammi

KAPITEL 5 - ANNWEILER AM TRIFELS JUNI 2024 (unn moi Katzemäädche)

KAPITEL 6

HUMAN NATURE

Eine Stamm - Überschrift über die degenerierten, oberflächlichen, stromlinienförmigen, stupide Menschen! Hatte viele Kapitel dazu über die menschliche Natur...

Vorhin auf dem Marktplatz war blauer Himmel, Idylle, Natur, Fotos und ein Video gemacht. Und ich dachte, haben die Leute überhaupt eine Ahnung über Annweiler, die Natur, Berge, das Paradiesische. "Was sollen do wärre, sin doch nur die Bääm unn Häuser"... Ich war "eine Ewigkeit" in und um Kaiserslautern, da waren auch Naturhöhepunkte, aber auf der Südlichen

Weinstraße ist echt ein Paradies.

Und so wie die Human Nature drauf sind, wird in 50 Jahren viele, viele Bäume weg und in Landau in der Pfalz sind ca 40000 Leute mehr, und die Menschen labern: "iss doch schon, do iss doch grün"... Es war schon immer so: in der Nähe von Kaiserslautern sind Rodenbach und Weilerbach. War ca 1km Abstand. Jetzt ist es quasi eins, nur ein paar Meter.

Oder in Miesenbach (auch Nähe KL) war ein Seewoog ca 1976/1977. War total geil mit Lagerfeuer, Holzsteg über den Bach, Kornfeld etc. Jahre später hatte ich zu einer Freundin gesagt, komm wir fahrn auf den Seewoog (sie kannte es nicht), und ich war baff: mal wieder Human Nature mit kurzgeschorenen Rasen, Kiosk, neuer Weiher...

Die Leute meinen immer wieder, ist doch schön, aber ich kannte den Kornfeld-Seewoog 1976. Auch in Annweiler hab ich Veränderungen: durch meine Fotodokumentationen und durch mein Gehirn, zB viele seelenlose weiße Modern Houses... Annweiler 1956 war bestimmt auch viel kleiner, aber ich kannte erst sehr viel später - und ich sag ja selbst: Annweiler ist so schön.

Die Human Nature hat nicht nur Probleme mit der Natur, sondern weil.... - oh, kann ich wieder nicht schreiben, hab immer noch fb-Strafe... Wer hätte 1977 gedacht, das in ferner Zukunft, zB 2024, die Zexxxx total normal ist...

C P Gerd Steinkoenig 25. Juni 2024

Foto" Gerd Steinkoenig

Sch... Wieder ausversehen doppelt... Sorry!!

Ich stelle mit Bestürzung fest, dass sich
der Kanon der "Schönheit" in letzter
Zeit gefährlich dem annähert, was die
Muppets 1975 zeigten.

Männer 1983

Männer 2024

KAPITEL 8 - SINN UND SINNKRISE

SINN und SINNKRISE Teil 2

Gleich am frühen Morgen lachen

Trotz "Institut" (immer noch Urlaub)

Trotz Russland droht die USA (heute)

Trotz Kriege, Nationalismus, Menschen

Gleich am frühen Morgen lachen

Es gibt tatsächlich gute Menschen

Es gibt tatsächlich gute Alternativen

Es gibt tatsächlich meine lachende Seele

C P Gerd Steinkoenig 24. Juni 2024

SINN oder SINNKRISE?

Nur Momentum?

Hat ein Mensch gelacht wegen mir?

Oder nur Einbildung?

Doh iss nix! Oder doch Sensibilität?

Oder wegen meinen SchlaganfallHirn?

Was ist in 2 Tage? 3 Wochen? 4 Jahre?

Außen vor über die Mainstream-Menschen?

Kann keiner mich verstehen?

Egal die Normalen oder die Gestörten?

Na ja, die Normalität sind die Gestörtesten!

Meine Zukunft nur noch für mich Träume?

Denk ich zu viel und sollte einfach tätigen?

Hab ich für die Zukunft guten Lebenssinn?

Oder wieder ganz anders als man dachte?

Sinn oder Sinnkrise?

Egal was ist: immer positives Denken!

Lebensfreude, Lebenspläne, Hobbies!

C P Gerd Steinkoenig 24. Juni 2024

KAPITEL 9 - GESCHICHTE WIEDERHOLT SICH

Am 23. JUNI

Tagesschau 20h, vielleicht wegen Ukraine-Krieg oder Israel. Was war die erste Headline? Fußball-EM, weil gleich Deutschland spielt... Klar, ich bin großer Fußball-Fan. Aber so?? Es ist schließlich die Tagesschau... Und überhaupt: seit Wochen sind Bier-Werbewochen durch die Fußball-EM, feiernde Fußball-Fans im TV, versteckte Werbung in der Bild-"Zeitung" - alles Bier... Ich lach nur über die sogenannte Deutsche Leitkultur: legale Drogen mit allen Ausreden: Fußball, Weinfeste, Volksfeste, Kerwe, Feiertage, Hauptsache Drogen... Armselige Kreaturen...

Das war vor meiner Zeit! Ich hxxx diesen Satz! "So alt wie ich bin, natürlich nur aus den 90ern (in der Musik, "die Red"), was Du da erzählst ist so lang her, ist vor meiner Zeit". Oder - noch schlimmer - über die Geschichte: war schon oft der Satz "vor meiner Zeit". Also keine Ahnung von 1933-1945? Kein Wunder, das die AfD zig Prozente hat... Und natüürlich, da ist doch nichts rechts, ist doch nur Staatsmainstream... Boah! Die Geschichte wiederholt sich doch!!

KAPITEL 10 - SPECIAL

.

Mit Deine Freunde geteilt

2 x Gold Silber Bronze mit MUSIK - ohne das Übliche...

Wollte erholen, chillen, EM-Fußball - hab aber zu viel Gingium und Koffein, dadurch Hirnrattern und hab 2 geile Musik-Polls:

Beste Song-Lyrics

Gold - Blood On The Rooftops (Genesis 1976), viele Hommagen, Zitate, Wortspiele

Silber - Time (Pink Floyd 1973), die beste Lyric ever über das Thema Zeit

Bronze - A Day In The Life (The Beatles 1967), Wortspiele, Wortgewandheit

Die unterschätzesten Alben

Gold - A Curious Feeling (Tony Banks 1979) mit dem Feelprogsong Lucky Me (voice: Kim Beacon)

Silber - Pampled Menial (Pavlovs Dog 1975), allein JULIA! Ein Songjuwel! Progrock-Epos!

Bronze - Liebe Tod & Teufel - EAV 1987), kennt jeder, aber kein Quatsch: Der Tod, Burli = Grotesksatire

C P Gerd Steinkoenig 22. Juni 2024

PS: So, jetzt Beruhigung, und CBD-Harmonia...

25

KAPITEL 11 - 1925

Samra Geschichte

.

Ein Beamter stoppt den Verkehr, um Platz für eine Katze zu machen, die ein Kätzchen über die Straße trägt, 1925

aus den 1960ern oder 50ern, ich kenn es aus der Zeit (Bj 1959)

KAPITEL 12 - ZEITFACETTEN

LEBENSFACETTEN

Jeder Mensch hat viele Leben

Lebensstationen, Zeitraffer, Zeitoasen

Lebensdiagnosen, verschiedene Lebenszeiten

Wenn Menschen einfach sind, wissen sie es nicht

Sind nur Gartenzwergkleinbürger:innen

Ich durfte erleben, ich darf erleben

Mit vielen Lebensfacetten, Lebensgeister

Ich habe viele Fragen, Horizonte, Gefühle

Mein Lebenswerk wird mein Ziel mit Demut

Für meine Freiheit, Gesundheit, Geduld

Gerechtigkeit, Demokratie, Menschenrechte

Mein Leben war in Kaiserslautern, Schwedelbach

Rodenbach, Mannheim, Frankfurt (Main)

Stuttgart, Schifferstadt, Mutterstadt, Mainz

München, Kärnten, Südtirol, Llorett de Mar

Frankreich, Schweiz, Landau in der Pfalz

Annweiler am Trifels, Gerolstein und und und

In diesem Leben von KL bis Monnem waren

Freundschaften, Freundinnen, Freunde

"Smile", "Old Vienna", "Why Not", "Dicke Engel"

Jobs als Beamter, Angestellter, Arbeiter

Jobs als Selbständiger, 1-Euro-Jobber, arbeitslos

Von der JVA Mannheim-Verwaltungsbeamter

Bis Lagerist, Verkäufer, US-Army-Angestellter

Von Referat Kultur bis Seniorenbetreuer

Von OK-KL-TV bis Autor und und und

Alles ist möglich im Leben

Von der Bundeswehr Okt1978-Dez1979

Bis für meine positive Zukunft und Energien

Ich will weitere Pläne und Ziele

Für meine Lebensplanung, Lebensfreude

Ich will weiter kämpfen für MEIN positives Leben

Das/Mein Leben ist so verschieden

1975 3 TV-Sender, 2024 gefühlte 1000 TV-Sender

1976 meine erste Lehrstelle, meine LP-Sammlung

2015 Sprung über die Schlucht nach Annweiler

Sommer 1976 (Rodenbach-Schwimmbad)

Sommer 2005 (wegen J. und wegen Phänomenia)

1973 BRAVO, Sweet, Suzi Quatro, Schlager

1982 Dorothea gesungen mit Comes A Time

Gesungen mit Eiszeit (Peter Maffay) im Auto

In meinem Leben hab ich Konstanz mit

Fernweh (auch wenn ich im Ausland erst 1986 war)

Freiheit, Gerechtigkeit, Frieden und seit

Ende September meine positive Reinheit

Für mein Niveau, für meine Gesundheit

Ich war und bin immer neugierig

Dadurch hab ich viel Allgemeinwissen (mein ich)

Einfach mal gucken, lesen, unterhalten

Ich hatte viele Konzerte gesehen von Genesis

Pink Floyd, Marillion, Neil Young, Jethro Tull, U 2 etc

Aber natürlich auch im Nationaltheater Mannheim

(Der Spieler von Dostojewski)

Viele Diskussionen mit Freund:innen über Politik

Musik, Filme, Philosophie, das Weltall

Und war im Senckenberg-Museum in Frankfurt

Und de Betze (mit dem FCK)

Und über die Kunst mit Gemälde, Dali, Warhol

Und die Vorlesung von Walraff

Ich bin neugierig, es ist schließlich mein Leben

Und natürlich moi Katzemäädsche Molly 2005-2021

Plus weitere Haustiere (Manson, Devilinchen etc)

Seit dem September 2017 (Schlaganfall)

Habe ich das "Außen vor-Syndrom"

Natürlich bin ich Mitten im Leben

Aber ich bin offiziell Behinderter

Dadurch gibt es gewisse Leute, ich wäre blöd

Mal wieder Human Nature - ganz einfach nur lachen

Einfach mein Leben genießen mit meinem Leben

Mit Horizonten, Alternativen, Hobbies (zB Autor, Fotograf)

C P 22. Juni 2024 Gerd Steinkoenig

Foto: Gerd Steinkoenig

PS: für F. Sch... Ich hatte zu dieser Lyric ca 2 Stunden geschrieben - von wegen "nur Musik"... OMG! Da waren ja noch die Konzerte... War nur ein Insider, lach... FÜR MEIN BEFREITES SCHREIBEN FÜR MEINE SEELE! Dabei bin ich sogar behindert... Mein Geist kann laufen und darf individuell leben...

TIME

 S/W-Fotos aus alten Zeiten

Andere Zeitdimensionen, Zeitgeister

Andere Menschengedanken in anderen Zeiten

Alte Alben vor 50 Jahren

The Lamb Lies Down On Broadway (Genesis)

Ende der 1970er hörte ich erstmals das Album

Neue Musikhorizonte, Musikgefühle, wahre Kunst

In den letzten Jahren kennen das nur Nerds

Denn es kennt keine Sau über "Lamb"-Genesis

Rockmusik ist vergänglich, vergesslich

Beethoven's Ode der Freude kennt man

Mozart's Kleine Nachtmusik kennt man

Und The Dark Side Of The Moon (Pink Floyd)

Ist auch ein Meisterwerk, immerhin 50 Millionen Exemplare

Meisterwerke von Ravels Bolero und

Nevermind von Nirvana - aber der Bolero ist ewig

Nevermind ist nur Rockmusik

Pop ist immer da, Pop wird Volksmusik

Hey Jude (The Beatles) ist in GB Volksmusik

Atemlos durch die Nacht (Helene Fischer) ist Volksmusik

Milord (Edith Piaf) ist in FRA Volksmusik

Aber wird Viva La Vida (Coldplay) Volksmusik?

Oder wird God Save The Queen (Sex Pistols) Volksmusik?

Schließlich sind die Sex Pistols Punk - das geht doch nicht

Im 21. Jahrhundert wird noch mehr Stromlinienmainstream

Im 21. Jahrhundert wird weniger Lebensfreude

Im 21. Jahrhundert wird mehr Psychopropaganda

S/W-Fotos aus alten Zeiten

Andere Zeitdimensionen, Zeitgeister

In 50 Jahren mit der guten alten Zeit 2024

Mensch, 2024, da war noch gute Musik

Und Supper's Ready (25 Minuten Progrock-Genesis)

Oder Fool's Ouvertüre (Supertramp) ist vergessen, verschollen

Vielleicht im Jahr 2087 ein Stars On 45-BumBum-Sound

Mit Rockmusik wie Speed King (Deep Purple), TNT (AC/DC),

Jailhouse Rock (Elvis), Heroes (David Bowie)?!?

OMG! Only White! Zum Stars On 45-BumBum muss noch

Tina Turner, Prince, Aretha Franklin, Jimi Hendrix dazu!

TIME mit uralten TV-Serien mit Zeitmomentums

(Typical 60er, typical 70er, typical 80er... Und Twin Peaks!!)

TIME mit uralten Filmen, Lebensfilme (zB Shining) 6 oder 7 x gesehen

Mit anderen Lebensgedanken in anderen Zeiten mit "Shining"

Oder auch so mit Wenn die Gondeln Trauer tragen

Oder Einer flog über das Kuckucksnest oder Casablanca

Nicht nur die old Musik, auch bei den old Filmen, TV-Serien,

Autos, Kleidung, Möbel, Technik, Mode, lachen die Greenhorns

Dabei ist (God Save YouTube!! Alles ist - noch - da) der Zeitsound

Von zB 1974 ein Zeitjuwel, die Zeitkreativitäten

Natürlich bin ich im Hier und Heute und freue mich

Über facebook, mein Verlag #BoD, Instagram etc

Natürlich gibt es gute Musik, gute Serien etc

Aber ich will die Zeitgeister von früher konservieren

Viva Comfortably Numb, Viva Miami Vice, Viva Yesterday...

C P Gerd Steinkoenig 21. Juni 2024

Foto: Gerd Steinkoenig

MINT
ÜBER 90
LP-KRITIKEN
MAGAZIN FÜR VINYL-KULTUR
ÜBERLÄNGE
THE LAMB LIES DOWN ON BROADWAY
DAS MEISTERWERK VON GENESIS UND 33 WEITERE ALBEN, DIE GRENZEN SPRENGEN
Zwei Jahre gläsernes Presswerk:
Zurück bei Matter Of Fact
Exklusiv im Interview: Neue Songs von
Johnny Cash – sein Sohn macht es möglich
Plattenspieler und Verstärker:
HiFi-Highlights im Test
1974
MONAT FÜR MONAT DURCHS MUSIKJAHR AUF 34 SEITEN
PLATTEN, KONZERTE, PERSÖNLICHKEITEN & PHÄNOMENE
PLUS BUCH-AUSZUG: DIE LETZTEN TAGE DES NICK DRAKE

KAPITEL 13 - LANDAU IN DER PFALZ (Sommersonnenwende 2024)

KAPITEL 14 - EREIGNISSE (Schlaganfall 2017, Globetrotter-Tour 1986)

.

Mit Deine Freunde geteilt

EREIGNISSE

Gold - September 2017 (1 Tag nach der Bundestagswahl 2017, ca 5:30h), Schlaganfall,
umgefallen bei PC/facebook, gehalten am Tisch und bin langsam umgefallen,
Katzemäädsche Molly hatte dumm geguckt, "was hatta dann", wollte kurz am Boden
schlafen, dann schnell zum Telefon, ging nicht, warum weiß ich nicht mehr, ich dann einfach
schlafen, ewig gepisst, Fenster immer offen, ca 3 Tage und 2 Nächte lang (glaub ich),
Rollläden abends - unvergesslich, kurz wach: oh blauer Himmel, wieder geschlafen,
irgendwann (2. Tag? 3. Tag?) Im Hirn aufeinmal durcheinander, Worte durcheinander (war
Hirnblutung meinten die Ärzte später), moi Katzemäädsche Molly war wie ein Hund:

gewacht/geschlafen/ohne Futterchen/immer bei mir, dann wach wegen Durst, 3 Tage ohne Durst, auf den Knien mit einem umgekehrten Eimer zum Bad gerobbt: Wasser, wollte Molly Futterchen geben, aufeinmal klingeln, 2 (damals) Freunde, gleich Krankenwagen, später Schockraum etc! Mittendrin war klingeln, es waren die 2 (damals) Freunde (viel später erzählt), aber ich dachte, es wäre eine Nachbarin wegen einer geliehenen CD, ich wollte nicht - später war die Hirnblutung... Und überhaupt : es waren in den ersten Monaten Ur-Instinkt (schon am Anfang: 5:30h...). Zu 98 % geschlafen, waren immer kurze wache Momente.

Silber - Globetrotter-Tour 1986 mit einer zeitlosen Zeit mit Freiheit! Mit meinem Auto und L.S. War ungefähr 4 bis 5 Wochen. IWir waren zu spät mit den Jobs von Discos, Propagandasteher, was weiß ich. Hatte Tipps, geh im nächsten Jahr wann und wo, hatte sogar schon 2 Job-Bewerbungen, später hatte ich aber eine Freundin (später Verlobte). Wir hatten einen Plan, mit Appartement/ Lohn/Winter:Marokko/Zukunft etc. Es ging eben nicht - Stell dir vor ohne Eltern, Freiheit, Llorett/Spanien, Marokko, Selbstständigkeit, damals war ich ja erst 26. Wieder einer der Wegkurven, wäre es gut gewesen, oder doch nicht, es sollte wohl so sein. Und natürlich zeitloses, glückliches Leben mit Chocolata (Haschisch), 2 spanische Kollegas (ääh Haschisch, die Strandmauer ohne die Touristen, L.S. mit Saxofon und Hut, "Tschernobyl-Freak", Avignon (das geilste Haschisch aller Zeiten von einem Araber), Vaison La Romance (zB mit Musiksession von L.S.-Saxofon und 2 afrikanische Bongospieler, aufgewacht auf einem Parkplatz - die Fahrerin war sehr freundlich, es war schließlich 1986), Lyon, Genf und und... Mein schönstes Leben aller Zeiten!! Ein Radiorecorder mit Bob Marley-MC oder Genesis-MC an der Hand, die Töne wurden Farben, paralell eingeschlafen, aufgewacht wie vorm einschlafen: immer noch den Recorder an der Hand, immer noch Autotür offen, immer noch der linke Fuß draußen - durch den Araber in Avignon an der großenTreppe... (war auch gut: kleine Fußgängerzone mit diversen Musiker-Stände mit Boxen!! War schließlich 1986...) Mensch, ich hab einen neuen Buchtitel: DIE TÖNE WURDEN FARBEN!!

Bronze - Meine Geburt am 9. November 1959!

Zum September 2017 und die Globetrotter-Tour 1986 ist bei verschiedenen Büchern von mir dabei (von Station 42 im VincKH in Landau 2017 bis gesprochen mit einem Baum mit einem französischen Acker 1986).

C P Gerd Steinkoenig Gerd's Katze Molly hat ihre eigene Seite 20. Juni 2024 (II)

Foto: Gerd Steinkoenig

KAPITEL 15 - MEINE MENSCHEN

MEINE MENSCHEN - weiter mit Gold Silber Bronze

CLAN

Gold - Großvater

Meine große positive Energie! Als Kind, Jugendlicher! Wir waren oft zusammen in seiner Wohnung. Mit ca 11 oder 12 hatte Großvater sein Tagebuch erzählt und ich schrieb. Leider ist es verschollen! Sehr schade! Im Endeffekt wäre das mein 1. Buch gewesen. Er erzählte über den 1. Weltkrieg (Skagarak) und 2. Weltkrieg (Lorient, Normandie). Die 1. Tätigkeit von meinem Vater, als er las, waren gleich Verbesserungen, Fehler streichen - dabei war ich stolz, aber... Da war viel drin, auch von alten Fotos. Vielleicht wurde "die rote Mappe" heimlich fortgeschmissen... Wie ich schon schrieb aus meinen Büchern - für immer in meinen Synapsen - waren unvergessliche Erlebnisse: zB aus den frühen 1960er Jahren, Großvater und ich fuhren mit dem Fahrrad in den Wald und ich lernte (mit 3 oder 4) zählen über die vielen Mauselöchern am Weg (damals hatte man richtige Natur...), und ich dann 1, 2, 3, 4... Großvater saß an einer Bank und erklärte über die Sonne: von diesem Baumwipfelzu diesem Baumwipfel - er schlummert, die Sonne wanderte, und ich beobachtete, bis ich der Wecker war zu ihm, denn ich wusste ja, wo die Sonne an jenem Baumwipfel war... +1987

Silber - Mutter

Da sind viele Facetten mit diversen Charakteren! Manchmal richtige Mutter in der Kindheit - wenn ich Aua hatte, kam das Mainzer Vokslied "Heile Heile Gänsche" und mir gings wieder gut. In den späteren Jahren war nerv nerv, penetrant, das Nachäffen von Vater etc. Paralell war sie dann doch mütterlich und überredete für mich dann doch über ihren Mann. In den letzten Jahren vor 2017 waren Mutter und Vater im Endeffekt gegen mich. Der lügt doch, "Sorgenkind", was weiß ich... Ab ca 2018/2019 hatten wir uns zusammengeschlossen. Ich hatte dann oft erzählt, was eigentlich war - durch Vater hatte ich dadurch nichts gesagt. Da wäre eh nur Krach gewesen wegen Vater. Jetzt wusste sie über das Referat Kultur, OK-KL-TV etc. Durch ihre Schlaganfälle (sie wohnt in Fuerteventura) hat sie Hilfe nötig und hat sehr gute Pflege, und seit einiger Zeit telefoniere ich jeden Tag zu ihr. Es ist eben die Situation: in 3 Tagen - oder sie wird 100... Aber ich weiß Bescheid!

Bronze - Vater

+2017

Gleich am Anfang: ich hatte natürlich scheiße gebaut (Autos, Wohnungen), im Nachhinein denk ich, warum war das und das... In meiner Kindheit und als Jugendlicher war meistens alles gut. Von Pilze sammeln bis Betze-Spiele oder die Urlaubsunterhaltungen (Dämmerschoppen in Andrian/Südtirol) etc. Oder die Aral-Münzen für die WM 1970-Nationalspieler - und ich dann: "Vati, Vati, fahr wieder zu Aral"... Ab 1976/1977/1978 gings bergab! Am Schluss waren Vorwürfe wegen meinen Autos etc - obwohl er ja selbst sofort sagte, komm ich kauf einen Gebrauchten. Irgendwann waren die Situationen, das ich gar nichts groß erzählte. Wenn wir im Auto waren, redeten wir im Endeffekt nur Fußball. Ich weiß nicht ob es so war oder nicht, aber durch seine rechte Ich bin der Boss-Agierung hatte ich zu wenig Selbstvertrauen - dadurch zu viel Dreck ("Bierchen", Schorle, Nikotin etc), dadurch tatsächlich Schlaganfall?! Man weiß es nicht, vielleicht hätte ICH 1983/1984 sagen sollen, "ich bin der Boss"...

Außer Konkurenz - Gerd

Jetzt bin ich tatsächlich der Boss, mit Selbstvertrauen, Selbstbewusstsein, Selbstsicherheit, Souveränität, mit positiven Energien, Reinheit, Gelassenheit, Gesundheit! Im ersten Leben war davor und hatte meine Lebenskarriere relativ fortgeschmissen (siehe bei meinen Books mit Monnem, Gerolstein etc), September 2017 durch meinen Schlaganfall hab ich mein zweites Leben, meine zweite Geburt und hoffe, das ich meine Zukunft positiv mit Lebensfreude genießen kann!

C P Gerd Steinkoenig 20. Juni 2024

Foto: Gerd Steinkoenig

KAPITEL 16 - BLOOD, LEBENSSONNE, DIE GUTE ERDE

GERDs GOLD SILBER BRONZE

MEINE BÜCHER

Gold - Blood On The Rooftops (ISBN 2017, Veröffentlichung seit Januar 2017, my first book)

Silber - Das Eichhörnchen aus der Dimension (no-isbn 2017/2018, keine Veröffentlichung)

Bronze - Meine Geschichte von Lebensmusik (ISBN 2024, ISBN-Buch Nr 62, Veröffentlichung seit April 24)

LYRICS IN MEINEN BOOKS

Gold - Lebenssonne (written Dezember 2017, in diversen Books dabei, Freiheit, Leben, Glück)

Silber - Zeit (written 2012 in Wochenblatt KL, in diversen Books dabei, zB in my first book)

Bronze - Kreislauf (written April 2024 im Buch Nr 63 "Schreiben durch Befreiung...")

MEINE LITERATUR

Gold - Die gute Erde (Pearl S Buck)

Silber - Liebe ist nur ein Wort (Johannes Mario Simmel)

Bronze - Der kleine Prinz (Antoine De Saint-Exupery)

MEINE TV-SERIEN

Gold - Miami Vice (USA, 1980er)

Silber - Der Kommissar (BRD, 1969-1976)

Bronze - Columbo (USA, "ewig")

MEINE FILME

Gold - Das Schweigen der Lämmer (Jodie Foster!)

Silber - Einer flog über das Kuckucksnest (zeitloser Klassiker)

Bronze - Casablanca (Bogart!)

Boah! NUR drei... Ich bräuchte bei jeder Rubrik 10!!

Musikrubriken nicht dabei! Weiß man ja durch meine Lebensalben...

CP Gerd Steinkoenig 19. Juni 2024

Foto: Gerd Steinkönig 19.06.24

KAPITEL 17 - LEBENSALBEN (viele, viele)

MEINE LEBENSALBEN Teil 4 (aus der 3. Version)

Meine Musikalben sind unergründlich! Wieder was Geiles vergessen: Legend (Bob Marley)!
Und da wären noch Metallica, ZZ Top, T. Rex, Jon & Vangelis, Lake und und... Allahopp, das
wars! Meine Lebensalben in allen Lebensdimensionen (plus "nur die Namen" mit Master of
Puppets/ Metallica 1986 oder Live in Olympia/Michel Fugain & Le Big Bazaar 1976 oder
1977...).

Nun hatte ich eine kleine Fleißarbeit in 3 Tagen, aber es interessieren nur die Nerds oder
Musikfreaks. Meine Instituts-Lady nervt "schon wieder schon wieder, so langsam ab in die
Nervenheilanstalt"... Die U 30, U 20-Leute kennen nur Hip Hop oder Techno: hä? Was ist ein
Coldplay? Ein neuer Starter fürs E-Auto?? Was ist denn Genesis? Ist der religiös? Ist von
Genesis Adam und Eva?? Ich wollte immer viele Genres, aber wenn ein Metalfreak liest: da
iss ja nix mit Metal, da iss ja nur AC/DC, Metallica! Deep Purple ist ja alt und lahm mit dem
komischen Hardrock... Außerdem ist Musik ein Auslaufmodell! Nur noch Wegwerfware!
Man hat keine Zeit mehr... Musik wird seelenlos, wo nur noch Algorithmus ist, plus amazon
music, zig Musikstreamingdienste. Aber ich hab Hoffnung: auch heute noch sind viele, viele
Alben durch Musikexpress, Rolling Stone, Eclipsed, Classic Rock etc etc - also sind
Leser:innen da, sonst wären die Musikfachblätter pleite... Natürlich bin ich auch 2024

aufgeschlossen mit "moderner" Musik: schreib ich einfach den Namen Taylor Swift - jetzt ist sie auch bei meinen Lebensalben (als Hommage zu R. K., SIE ist interessiert zu meinen Büchern...).

Ein klitzekleiner Service mit Supersongs von meinen Lebensalben, zB The Road (Running On Empty/Jackson Browne), Afterglow (Wind And Wuthering/Genesis), We're All Alone (Anytime... Anywhere/Rita Coolidge), Old Man (Harvest/Neil Young), Highway Star (Made In Japan/Deep Purple), Time (The Dark Side Of The Moon/Pink Floyd), Bahnhofskino (Zwesche Salzjebäck un Bier/BAP), California (Watch/Manfred Manns Earthband), Smooth Operator (Diamond Life/Sade), Der Spinner (I/Nina Hagen Band), Stripped (Black Celebration/Depeche Mode), November Rain (Use Your Illussion I & II/Guns N Roses), Isn't She Lovely (Song Review.../Stevie Wonder), Stairway To Heaven (Untitled/Led Zeppelin) und und und... Sozusagen ein Apetitthappen zu meinen Megaalben...

C P Gerd Steinkoenig 19. Juni 2024

Foto: Gerd Steinkoenig

LEBENSALBEN 3. Teil aus meiner 3. Version

Schon wieder vergessen... Hotel California (Eagles 1976) hatte ich schon 2017 in der
SchlaganfallKlinik Alzey vergessen... Diesmal ist das Megaalbum dabei! Nach den vielen
Alben müsste ich noch ergänzen von Musikern, die schon da sind zB von The Police (Zenyatta
Mondatta 1980), Dire Straits (Love Over Gold 1982), Genesis (Seconds Out 1977), Pink Floyd
(Meddle 1971)... Desweiteren meine neue Auflistung:

X (Chicago (1976)

Die Mensch-Maschine (Kraftwerk 1978)

In The Skies (Peter Green 1979)

Little Dreamer (Peter Green 1980)

Introducing The Hardline According To... (Terence Trent D'Arby 1987)

Zwesche Salzjebäck und Bier (BAP 1984)

Yessongs (Yes 1973)

Filmore East - June 1971 (Frank Zappa 1971)

Joe's Garage Act One (Frank Zappa 1979)

IV (Toto 1982)

All N All (Earth Wind and Fire 1977)

Anytime... Anywhere (Rita Coolidge 1977)

Kind Of Blue (Miles Davis 1959)

Schon wieder Alben, wo keine Gerds CD-Sammlung ist, lach... Aber echt wow, es sind wirklich meine Lebensalben mit Erinnerungen, Gefühle, Zeitoasen, Zeitgeister... Mein roter Faden "Institut" ist auch wieder dabei: diese bestimmte Frau würde nur sagen, "schon wieder diese Musiklisten, bla bla bla".

C P Gerd Steinkoenig 19. Juni 2024

MEINE LEBENSALBEN Teil 2 (aus der 3. Version)

Wenn schon denn schon... Es wurde zwar "vergessen", aber dann jetzt richtig:

Rumours (Fleetwood Mac 1977)

Watch (Manfred Manns Earthband 1978)

Aqualung (Jethro Tull 1971)

Born In The USA (Bruce Springsteen 1984)

The Rising (Bruce Springsteen 2002)

A Rush Of Blood To The Head (Coldplay 2002)

On Stage (Rainbow 1977)

Automatic For The People (R.E.M. 1992)

Blue Lines (Massive Attack 1991)

Purple Rain (Prince 1985)

The Ultimate (Bee Gees)

The Concerts In China (Jean Michel Jarre 1982)

At The Kabuki Theatre 31 December 1970 (Quicksilver Messenger Service)

Live At Woodstock (Jimi Hendrix)

Sticky Fingers (Rolling Stones 1971)

Black And Blue (Rolling Stones 1976)

Actually (Pet Shop Boys 1987)

King of Pop (Michael Jackson 2008)

Best Of Artist Of The Century (Elvis Presley)

Medusa (Annie Lennox 1995)

The Album (Abba 1977)

Third Stage (Boston 1986)

Ich müsste nochmal David Bowie nennen (Heroes! Black Star!), tolle weitere Alben von Ton Steine Scherben, Söhne Mannheims, Foreigner, Donna Summer, Eminem, 2 Pac, Supermax, Steve Hackett, Phil Collins, David Gilmour, Roger Waters, Portishead (Dummy!), Michel Fugain & Le Big Bazaar, Edith Piaf, Madonna, The Rat Pack und und und... Viele Sachen sind ja dabei bei meiner CD-Sammlung - trotzdem fehlen in meiner Sammlung mir 21 Alben aus meiner Lebensalben -Auflistung... Aber wie geschrieben: meine Zeitoasen, Genreecken, Gefühle sind da (auch zB ohne The Joshua Tree, dafür eben die "18 Hits" von U 2...). Man kann querverbinden zB bei Genesis (BBC-Broadcasts, Ultimate Collection). Mit diesen Lebensalben kann ich als Ewigalben leben (irdisch und in der nächsten Lebensdimension). Ach ja, hab heute Morgen mit meiner Betreuerin gesprochen - alles ist möglich: Urlaub, doch vom Institut weg, paralell mit Institut/Jobs (zB Tierheim). Mein Motto ist wieder da: meine positiven Lösungen für immer!

C P Gerd Steinkoenig

PS: ist ja alles da - nicht nur die Auflistung, sondern auch Wind and Wuthering (Genesis 1976), Heroes (David Bowie 1977)... Und irgendwie, wo "nur" eine Band/Interpret geschrieben wurde, kann man ja automatisch sinnieren: bei Phil Collins (Face Value 1981), bei Supermax (World Of Today 1977)... Referenzen aus meinen Büchern: Die Albenlisten, Songlisten aus Blood On The Rooftops (2017), die 30 besten LPs der 1970er aus dem ME (Die Lebensschau 2024) etc etc! Ach komm, noch schnell ein geiles Lebensalbum, für mich ein Geheimtipp : Running On Empty (Jackson Browne (1977)!

Foto: Gerd Steinkoenig

VIERZIG LEBENSALBEN von Gerd Steinkoenig

Im Oktober 2017 schrieb ich in "meiner" SchlaganfallKlinik in Alzey 40 Lebensalben (nur je 1 Album pro Band/Interpret). Inkl in meiner damaligen NaturStoned-Situation... Schon seit dem ersten Tag nach dem Schlaganfall hatte ich gekämpft, gelaufen, geschrieben mit meinem "Fleischklumpen"... Auch heute kämpfe ich - zB aktuell durch das "Institut" wegen tätärä mit Bevormundungen, Ignoranz, Intrigen - aber ich will meine Freiheit und meinen positiven Fortschritt! Und kämpfe jetzt für meine neuen Tätigkeiten, neue Strukturen etc. Bei meinen Büchern hatte ich nach meinen "2017er 40 Lebensalben" später eine Neuversion (oft das Gleiche). Beides bei meinen 66 ISBN-Büchern... Diesmal die 3. Version mit einigen Lieblingen mit mehr als 1 Album... Hier sind die 40 für die Ewigkeit:

The Lamb Lies Down On Broadway (Genesis 1974)

And then there were three (Genesis 1978)

BBC Broadcasts (Genesis, 5 CD Live Box 1970-1998)

The Dark Side Of The Moon (Pink Floyd 1973)

Wish You Were Here (Pink Floyd 1975)

Animals (Pink Floyd 1977)

"Das Weiße Album" (The Beatles 1968)

Revolver (The Beatles 1966)

Abbey Road (The Beatles 1969)

Sgt Pepper... (The Beatles 1967)

Harvest (Neil Young 1972)

Rust Never Sleeps (Neil Young 1979)

The Kick Inside (Kate Bush 1978)

Hounds Of Love (Kate Bush 1985)

"Untitled" (Led Zeppelin 1972)

The Song Remains The Same (Led Zeppelin 1976)

Made In Japan (Deep Purple 1972)

Perfect Strangers (Deep Purple 1984)

Diamond Life (Sade 1984)

Ghost In The Machine (The Police 1981)

Brothers In Arms (Dire Straits 1985)

Black Celebration (Depeche Mode 1986)

Ballhaus Pompös (Udo Lindenberg 1974)

I (Nina Hagen Band 1978)

Private Dancer (Tina Turner 1984)

So (Peter Gabriel 1986)

Paris (Supertramp 1980)

Fugazi (Marillion 1983)

Tales of Mystery And Imagination (Alan Parsons Projekt 1976)

Highway To Hell (AC/DC 1979)

Wings Over America (Wings 1976)

Woman And Children First (Van Halen 1980)

Love Drive (Scorpions 1979)

Action -The Ultimate Story (Sweet 2016)

Royal Albert Hall London May 2005 (Cream)

Song Review - A Greatest Hits Collection (Stevie Wonder)

Unplugged In New York (Nirvana 1994)

The Joshua Tree (U 2 1987)

Tres Chic (Chic 1978)

Use Your Illussion I & II (Guns N Roses 1991)

Boah... 18 Alben sind gar nicht dabei bei meiner Sammlung.... Natürlich kenn ich alles, daher ja auch bei meinen 40 Lebensalben! Ein paar Songs sind doch noch dabei, aber woanders etc. Und natürlich sind viele Alben gar nicht dabei - sind ja nur 40... A Night At The Opera (Queen 1975) "vergessen", von Genesis, Pink Floyd, Beatles "vergessen" (Wind and Wuthering 1976, The Wall 1979, One 1999 etc), American Idiot (Green Day 2004) "vergessen" und und... Diese Alben sind tatsächlich in meiner Sammlung, lach... Ich wollte keine 40 besten Sammler-Alben, sondern eben meine Musik-DNA! Auch wenn 18 Alben als meine Aufgabe ist, um die CDs zu mir rüberzubeamen. Andererseits: man hat immer neue Sounds, zB The Dark Side Of The Moon Live 1974 (Pink Floyd), Live in Paris 1973 (Can)... Hatte ich in den letzten Wochen erworben... Hauptsache, ich hab trotzdem einen schönen CD-Sammlung-Soundtrack und ich hab ja YouTube, hahaha... Um den Kreis zu schließen: im "Institut".... Aber was soll's, im Momentum hab ich meine positive Zukunft, positive Energien ohne die Institut-Bevormundungen!

17. Juni 2024

Foto: Gerd Steinkoenig 17.06.24

PS: Diese InstitutFrau wollte meine Bücher bildlich vernichten, aber hat diese horizontlose Frau überhaupt ein Buch geschrieben?? Hauptsache mich zu zerstören.... Aber ich scheiß auf die drauf, denn ich hab meinen freien, reinen Geist, meine Stärke, mein Wille, mein Mut, meine Disziplin und natürlich mein positiver Lebenskampf!

KAPITEL 18

WTF?

Iranian woman in the era before the Islamic revolution, 1960.

PROLOG

PROLOG

Hallo, ich bin's wieder! Mit einem 2 Teil über mein Lieblingsthema ZEIT über mein Leben, Momentums, Musik, History... Ihr wundert Euch, das der Prolog ganz hinten ist? Die meisten Menschen über meine Bücher fangen von hinten an zum Blättern - also natürlich der Prolog... Dementsprechend sind die neuesten Datums vorne, die ältesten Datums hinten... Hehehe...

DAS LETZTE BUCH, DIE LETZTEN MOMENTUMS, DIE LETZTEN WORTE, DIE LETZTEN FOTOS, DIE LETZTE HISTORY!

MOTHER (Pink Floyd 1979 aus "The Wall")

Paralell waren Telefonate mit Mutter, eine Bekannte

Und ich mit fb Posts, Insta Fotocollagen als Ablenkung

Nach langer Zeit hatte sie wieder geweint

Weil doch wieder keine Augen-OP

Dauert noch wegen Urlaub etc

Mutter weiß nicht, was positiv ist

Und meinte gleich "Verarschung"

Die Bekannte meinte das Gleiche wie ich

Das meine Mutter so drauf ist

Urplötzlich hatte ich einen Videoanruf

Und ich war wieder "Seniorenbetreuer"

Die Pflegerin war auch da

Und ich hatte mal wieder Motivationstraining

Pläne und Ziele, Tätigkeiten, Lösungen

Bei Mutter sprach nur "Iss gut, Gerd"

Was soll man da machen

Ich hab ihr noch erzählt, was ich alles machte

Durch meinen Schlaganfall, Entwicklungen

Mutter sagte, sie wolle nicht mehr

Bei ihr weiß man nie

Der "Spruch" war schonmal

Und dann doch Gute Laune

Und ich hab Montag und Kreislauf, boah

Mutter lag im Bett und denkt zu viel

Ich meinte, mach doch das und das, zum ablenken

Aber Mutter... Und ich brauch jetzt Mittagsschläfchen

C P Gerd Steinkoenig 1. Juli 2024

PS: für Nicht-Insider: sie wohnt in Fuerteventura

MOTHER PT 2

Gefühlsmäßig pervers

Viel später Telefon zu ihr wegen EM-TV

Fußball ARD oder ZDF

OK, man muss sagen Das Erste, Zweite

Sonst weiß sie es nicht

Zwischendrin war nix, 2 x AB

Ist sie tatsächlich...

Ich dann: OK, innere Ruhe

Win Win-Situation

Sie ist erlöst - ich auch...

Natürlich trotzdem...

Was da gefühlspervers war

Telefonate zu EM-Programmen

Und sie raffte es nicht

Ein Bekannter auch nicht

Und ich hatte Stress, keine Ruhe

Ich brauch egoistische Gesundung

Dadurch ich dann, nerv nerv

Happy End: sie redet, sie lebt

Andererseits: booaah Muttaaa!!

Versteht Ihr? Pervers...

10 Zitate aus meinen ersten 5 Büchern (vor dem Schlaganfall)

Vor 7 Jahren

Deine Erinnerungen anzeigen

Gerd Steinkoenig

10 ZITATE AUS MEINEN 5 BÜCHERN ☺

Sein letztes Album "Blackstar" erschien 2 Tage vor seinem Tod - und wenn man Videos und Texte sich reinzieht, selbst seinen Tod hat er zelebriert. (der Autor in Blood On The Rooftops über David Bowie)

Ein humpelnder, drogensüchtiges Medizingenie poltert in der menschlichen Psyche. (der Autor über "House" im selben Buch)

Die Menschheit sollte mehr Demut haben (bei vielen überhaupt einmal Demut), sollte das Sein genießen. (der Autor in Über Musik und die Welt)

James Blunt ist das Grauen aus der Musikhölle!!! Bei seiner Stimme ergreifen sogar die apokalyptischen Reiter die Flucht... (der Autor über James Blunt in Gerds Blood)

Guter Schlager heutiger Prägung wird in der Abteilung Deutsch-Pop geführt (der Autor in Blood On The Rooftops Teil 2)

... der Abgesang des Rock in seiner revolutionären Kraft, die Deadline des Oldschool-Rock. Jaaa, es gibt auch 2017 CDs von alten Recken, aber Use Your Illlussion war der Schlussstrich, bevor endgültig die illussionslosen Buchhalter die Plattenfirmen übernahmen. (der Autor in Blood On The Rooftops Teil 3)

... Egal was passiert, was das Schicksal mit einem vor hat, mit all den Möglichkeiten der Abzweigungen: Viva La Vida ♥ (der Autor in Blood On The Rooftops)

... das Plattencover anschauen, die Texte lesen, eins werden mit der Musik mit dem Überstülpen der Kopfhörer (ich meine Kopfhörer, nicht die komischen Stöpsel heutzutage). Es ist Wochenende, Ende der 1970er, ich fahre nach KL zu meinen Kumpels in die einschlägigen "Studenten"Kneipen. Zappa läuft, Pink Floyd oder Jethro Tull oder eben Genesis... (der Autor im selben Buch)

Oder was alles vor 50 Jahren geschah. die Sgt. Pepper der Beatles, der Summer of Love, das Doors-Debüt... (der Autor in Über Musik und die Welt)

Zeiten ändern sich, Moden ändern sich, Kultur und Musik ändert sich, Medien und Techniken ändern sich. Aber entwickelt sich die Spezies Mensch weiter? (der Autor in Blood On The Rooftops Teil 2)

Vor 2 Jahren

2022 (5. Songtext, wo ist mein Komponist...)

C P Gerd Steinkoenig 01. Juli 2022

Vor 35 Jahren, 1987, Genesis Open Air Konzert in Monnem

Vor 53 Jahren, 1969, 1. Mondlandung, Woodstock, Willy Brandt

2022, 2022, Zombies des 21. Jahrhunderts

Vor 42 Jahren, 1980, Wahlkrieg Schmidt vs Strauß

Vor 24 Jahren, 1998, Schröder besiegt Kohl

2022, 2022, Zombies des 21. Jahrhunderts

Vor 50 Jahren, 1972, Olympia-Attentat in München

Vor 05 Jahren, 2017, mein neues, positives Leben

2022, 2022, Zombies des 21. Jahrhunderts

2022, 2022, trotz den Zombies hab ich Positive Vibrations

Meine Globetrotter-Tour 1986 (Ausschnitt, "Der neue Weltatlas" 1979) mit Lyon, Avignon, Sete, Perpignan, Narbonne, Genf etc! Ich durfte es erleben!

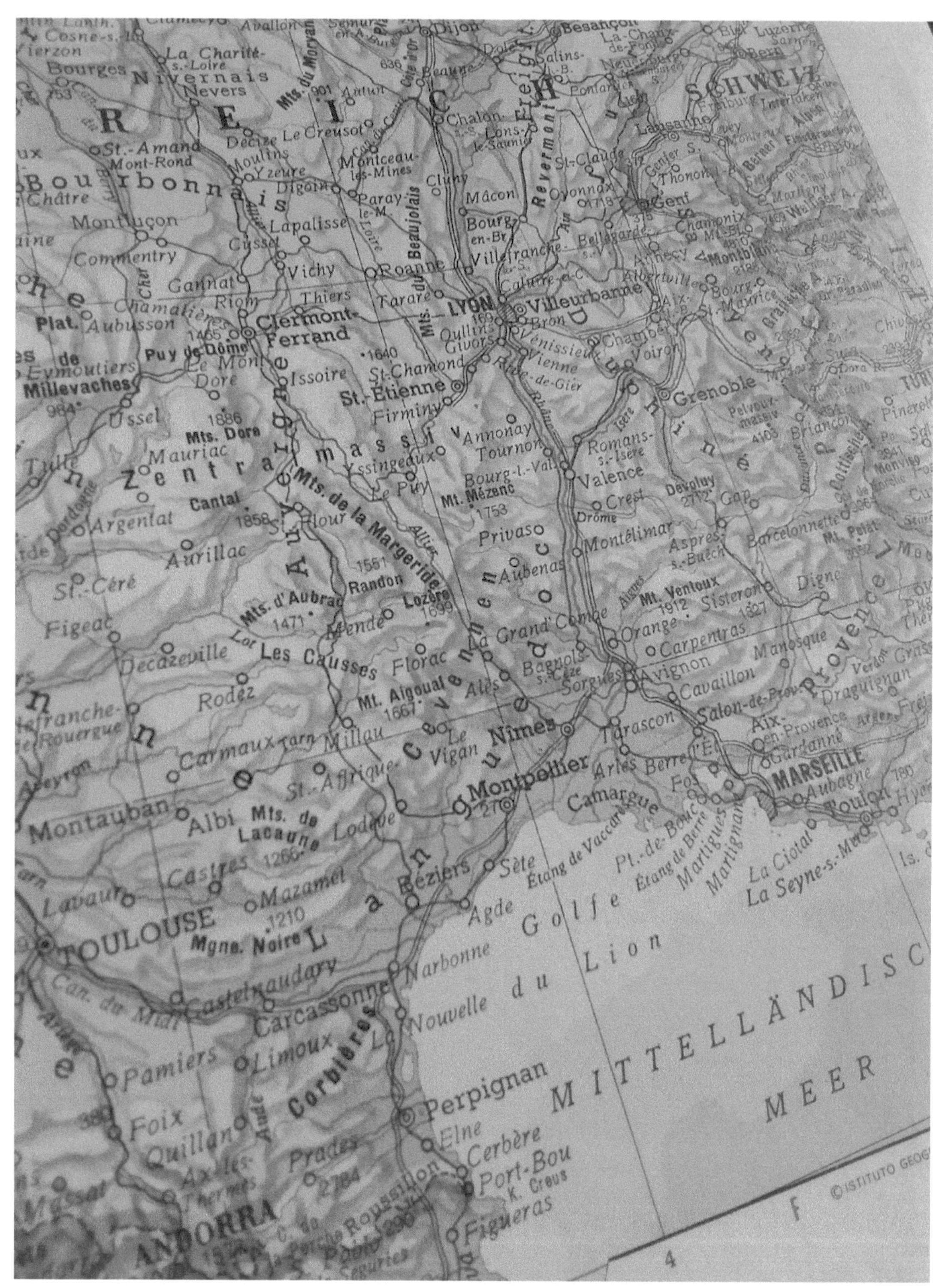

Cosne-s.-L.
Ierzon
La Charité-
s.-Loire
Bourges
Nevers
Nivernais
REICH
FREI
SCHWEIZ
St.-Amand
Mont-Rond
Bourbonnais
Moulins
Decize
Le Creusot
Chalon-
s.-S.
Lons-
le-Saunier
St.-Claude
Geni
Montluçon
Châtre
Lapalisse
Digoin
Paray-
le-M.
Cluny
Mâcon
Bourg-
en-Br.
Oyonnax
Genf
Commentry
Cussm
Vichy
Roanne
Villefranche
s.-S.
Chamonix
Gannat
Thiers
Tarare
LYON
Villeurbanne
Riom
Clermont-
Ferrand
Quilins
Givors
Bron
Vénissieux
Aix-
St.-Maurice
Plat. Aubusson
Puy de Dôme
Le Mont
Dore
Issoire
St.-Chamond
Vienne
R.-de-Gier
Grenoble
Eymoutiers
Millevaches
Ussel
Mts. Dore
St.-Étienne
Firminy
Annonay
Tournon
Romans-
s.-Isère
Mauriac
Zentral
Le Puy
Yssingeaux
Bourg-l.-Val.
Mt. Mézenc
Valence
Crest
Devoluy
Gap
Argentat
Cantal
Flour de la Margeride
Privaso
Drôme
Montélimar
Aspres-
s.-Buëch
Barcelonnette
Aurillac
St.-Céré
Randon
Lozère
Aubenas
Mt. Ventoux
Sisteron
Digne
Figeac
Mts. d'Aubrac
Mende
La Grand Combe
Orange
Carpentras
Manosque
Decazeville
Les Causses
Florac
Bagnols-
s.-Cèze
Avignon
Cavaillon
Draguignan
Rodez
Mt. Aigoual
Alès
Sorgues
Provence
Carmaux
Tarn
Millau
Le Vigan
Nîmes
Tarascon
Salon-de-Prov.
Aix-
en-Provence
Gardanne
St.-Affrique
Montpellier
Arles
Berre
MARSEILLE
Aubagne
Montauban
Albi
Mts. de
Lacaune
Lodève
Camargue
Fos
Toulon
Castres
Béziers
Sète
Étang de Vaccarès
Pt.-de-Bouc
Martigues
La Ciotat
La Seyne-s.-Mer
Lavaur
Mazamet
Mgne. Noire
Agde
Golfe
du Lion
MITTELLÄNDISC
TOULOUSE
Castelnaudary
Can. du Midi
Carcassonne
Narbonne
Nouvelle
MEER
Pamiers
Limoux
Corbières
Perpignan
MITTELLÄNDISC
Foix
Quillan
Prades
Elne
Cerbère
Port-Bou
Figueras
Ax-les-
Thermes
ANDORRA
Roussillon
© ISTITUTO GEOG

LEBENSGEFÜHL DURCH MUSIK (YouTube, CDs, Radio, Lesestoff etc)

Hier bei YouTube ist Marusha 1998, zeitlos egal in welcher Zeit

Lebensgefühl aus den 90ern - und ich weiß Bescheid mit Techno

Ewiges Lebensgefühl natürlich mit Genesis, The Beatles

Pink Floyd, The Police, Led Zeppelin, Neil Young, Kate Bush...

Aber mein Lebensgefühl will immer neue Musikgenres

Egal mit Rock, Pop, Techno, Disco, Hip Hop, Blues, Jazz...

Wie im richtigen Leben von mir - immer Pläne und Ziele

Ich hab gutes Lebensgefühl mit Peter Gabriel oder Madonna

Ich hab gutes Lebensgefühl mit Donna Summer oder U 2

In allen Lebensbereichen mit Jobs, Hobbies, Frend:innen

Sweet und Deep Purple 1973 beim Schwedelbach-Nachbarn

The Dark Side Of The Moon (Pink Floyd)

Mit M.B., A.P., Englisch-Lehrer, M.K., R.N....

Genesis mit R.R., M.K., A.P., die Neuen...

You Should Be Dancing 1976 im KL2000, Old Vienna

Techno in der "Fabrik" Saarbrücken 1994 oder 1995

Bob Marley, Genesis im 80er Landau "MASH"

Smile, Thing mit Genesis, Frank Zappa, Jethro Tull

Discos, Studentenkneipen, Lagerfeuer, Partys

Zum Bsp Lagerfeuer mit Autoboxen wegen Radio

Die 1. Rockpalast-Nacht (und in der ARD)

Die "Rumpelkammer" mit Hardrock

Nur eine kleine Auswahl, wo ich war...

Lebensgefühl durch Musik, paralell das reale Leben

Damals natürlich meine Autoradio/Casettenplayer

Mit Comes A Time (Neil Young)

Eiszeit (Peter Maffay), beides gesungen von D.P. (hach!)

Oder Juliane aus St. Julian, gesungen von

Der Spinner (Nina Hagen Band)

Ich durfte es erleben: 2 Frauen sangen für mich

Und natürlich meine vielen Konzerte von Genesis bis

Pink Floyd, Marillion, Stevie Wonder, U 2, BAP, Neil Young

Jethro Tull, Udo Lindenberg, Spliff, Steve Hackett etc...

Ich durfte es erleben mit meinen vielen Jobs von

Großhandelskaufmann bis JVA-Bürobeamter

Von Lagerist bis Referat Kultur bis Seniorenbetreuer etc

Und dadurch andere Orte, andere Kollegen und

Andere neue Sounds (zB Mötley Crue, Cinderella/Bergen-Belsen)

Einen Haken hab ich noch! Dies ist alles Vergangenheit

Natürlich hab ich meine Pläne, Ziele, Musik

Aber der Rooaar ist weg, die Zeiten sind vorbei

Durch meinen Schlaganfall (automatisch "Außen vor")

Durch die Deutsche Gesellschaft 2024

"Die Zeiten ändern dich" (Bushido)

P.S.: SHE kapiert es wieder nicht (der rote Faden in this book...)

C P Gerd Steinkoenig 30. Juni 2024 (II)

Marusha Love Parade 1998 HD

LEBENSGEFÜHL DURCH MUSIK (YouTube, CDs, Radio, Lesestoff etc)
Hier bei YouTube ist Marusha 1998, zeitlos egal in welcher Zeit
Lebensgefühl aus den 90ern - und ich weiß Bescheid mit Techno
Ewiges Lebensgefühl natürlich mit Genesis, The Beatles
Pink Floyd, The Police, Led Zeppelin, Neil Young, Kate Bush...... Mehr anzeigen

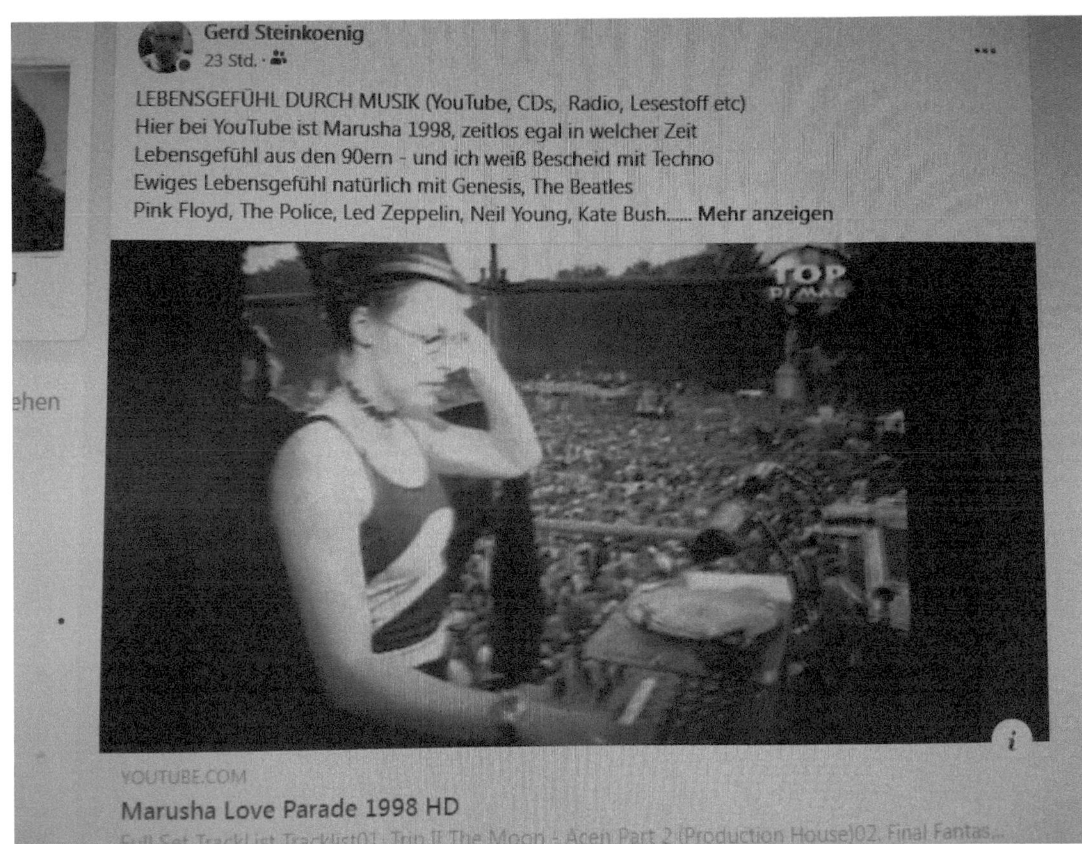

YOUTUBE.COM
Marusha Love Parade 1998 HD
Full Set Tracklist Tracklist01. Trip II The Moon - Acen Part 2 (Production House)02. Final Fantas...

Schönen gesunden entspannten liebevollen Montag, Ihr Lieben 😊

Muskan khan
2 Tage · 🌐

Lauren Bacall, Humphrey Bogart, and Katharine Hepburn arriving in London after filming The African Queen (1951)

Oben: 1972! Heilig Abend! Meinen 1. Casettenrecorder mit diesem Song

Unten: Wenn DIESE Supergroup 1968 ein Album gemacht hätten...

The Dirty Mac, 1968 🌺
Eric Clapton, Mitch Mitchell,
John Lennon & Keith
Richards

1. Juli 2022, Klappentext zum 37. Buch - momentan schreib ich nur 2 Jahre später mein 67. Buch...

Buch 0... Nach den 36 ISBN-Büchern (und mehr) von
Gerd Steinkoenig, haben Beatrice Farber (eine
Zeitläuferin aus dem Weltall) und Michelle Connery
(die Seele von Gerd Steinkoenig) eine Unterhaltung
über Gerds Leben und Bücher!
INHALT: Prolog / Vorstellung von Beatrice und
Michelle / Immer Zeit mit Gerd / 2017: das erste Buch
vom Januar 2017 "Blood On The Rooftops" / No-isbn-
Bücher von 2018 (die "nature stoned"-Bücher) nach
den Schlaganfall-Kliniken / A Day In The Life - 4
ISBN-Bücher aus 2017, 2019, 2 x 2022 / Epilog.
Und immer wieder Dialoge zwischen Beatrice und
Michelle über Gerd...

C P 11.06. und 12.06. 2022 Gerd Steinkoenig

Küssen reduziert Angst und stoppt den
'Lärm' in deinem Kopf. Es erhöht den
Oxytocin- Spiegel, ein äusserst
beruhigendes Hormon, das ein Gefühl
von Ruhe erzeugt.

All Time Life - Collage 1. Juli 2024

Sommer 2024 - Collage (30. Juni 2024)

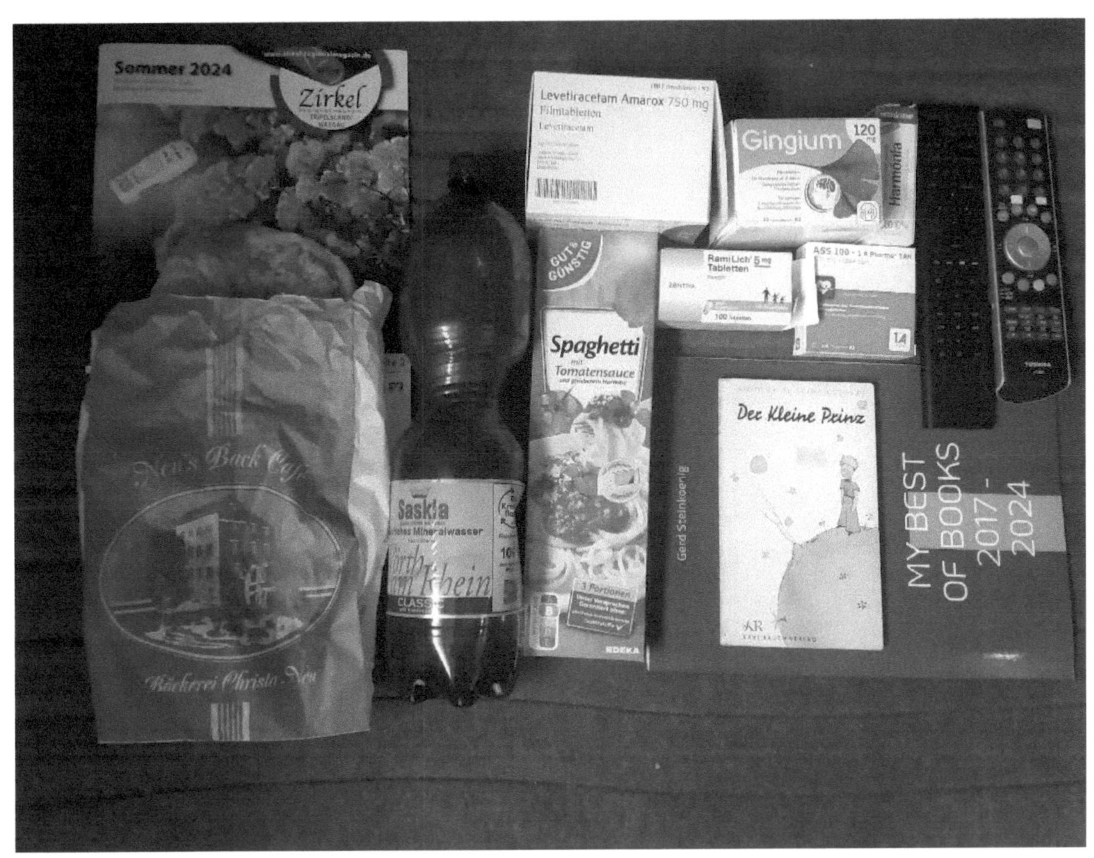

EGAL WAS IST

Jeden Morgen freuen

Ich darf leben

Für meine Gesundheit

Für meine Freiheit

Für meine Fortschritte

Egal was ist

Jeden Morgen freuen

Trotz Probleme

Trotz Blues

Immer positive Energien

Immer positives Denken

Tag und Nacht genießen

Egal was ist

Jeden Morgen freuen

Trotz Menschen 2024

Trotz Außen vor-Ich

Immer Magic Mirror

Immer Rebell

Immer Zeitensammler

Egal was ist

Jeden Morgen freuen

Für meine Seele

Für meine Neugierde

Für meine Stärke

Einfach lachen

Für meinen Kampf

Egal was ist

Jeden Morgen freuen

Mit Kreativitäten

Mit meiner Kunst

Mit positive Kontrolle

Fotografie, Autor

Musikhistory

Egal was ist

Jeden Morgen freuen

Oh, jetzt letzte Lyric

War doch erst

Ich mach was ich will

Nochmal Zugabe

Mit diesem Buch

Egal was ist

Jeden Morgen freuen

Happy Mantras

Happy Disziplin

Happy Wille

Mein Leben

Good Vibrations

Egal was ist

C P Gerd Steinkoenig 30. Juni 2024

Foto: Gerd Steinkoenig

(Der neue Weltatlas 1979)

Mein Lebenszentrum inkl zB

Annweiler am Trifels

Kaiserslautern

Mannheim

Mutterstadt

Schifferstadt

Landau in der Pfalz

Heidelberg etc etc

plus Alzey, Bad Bergzabern, St. Wendel, Pirmasens, Weilerbach, Rockenhausen etc etc

Alte Erinnerungen (fb-Gruppe)

Sommerzeit = schöne Zeit ♡

Netzfund

ES WIRD IMMER SCHLIMMER

Mal wieder facebook-Zensur! Gestern hatte ich ein Foto aus Landau in der Pfalz mit einem Kunstwerk als Frau-Statute! Also, komplett Frau! Ich kann ja das Wort nicht sagen, sonst werde ich wieder bestraft! Ich hab das Post noch - aber nur ich kann es sehen! Zwei fb-Freundinnen waren schneller: 2 Likes... Es geht ums Prinzip über Kunst, Kultur, Demokratie, Meinungsfreiheit! Sind die uralten Menschen-Statuten (Ewige Geschichte!) dann auch wieder weg? Muss das weg aus den Museen? Ist bald durch Meta oder sonst was nur das, was die diktieren? Wäre es sogar logisch (von facebook & Co), wenn ein Andersdenkender (außerhalb unserer Kultur), die Frau-Statute beschädigt würde? So langsam kotze ich

ZEIT TEIL 2!! Mein neues Buch - ging aber nicht! War wegen dem PDF (ist bei mir seit ewig kaputt) bei einem sehr guten Copy-Shop, natürlich kann man das machen (ist ja 2024, und nicht Copy-Shop 1978, lach). War eine sehr freundliche Copy-Frau. Wollte später zu meinem Verlag #BoD per rüberbeamen von mir zum Buchverlag. Da hatte die freundliche Copy-Frau einen Fehler gemacht: die Größe der Seiten sind falsch, ich kann nix machen! Aber gemach gemach: ich hab diverse Lösungen und ich kriegs hin. Am Montag oder Dienstag hab ich meine positive Lösung für mein Buch ZEIT TEIL 2. Mein letztes Buch! Hab ja schon 2 Kapitel "Meine letzte Buch-Lyric" und "Letzte Worte". Einfach positiv sehen: denn ich kann noch ein paar Kapitelchen und Fotos machen - ist ja schließlich mein letztes Buch!! ZEIT TEIL 2!! (28. Juni 2024)

C P Gerd Steinkoenig 28. Juni 2024

Foto: Gerd Steinkoenig 28. Juni 2024 (Landau in der Pfalz)

Statuten in Landau in der Pfalz 28. Juni 2024

4. KAPITEL:
Wie man das Sofa zerstört und den Hund beschuldigt..

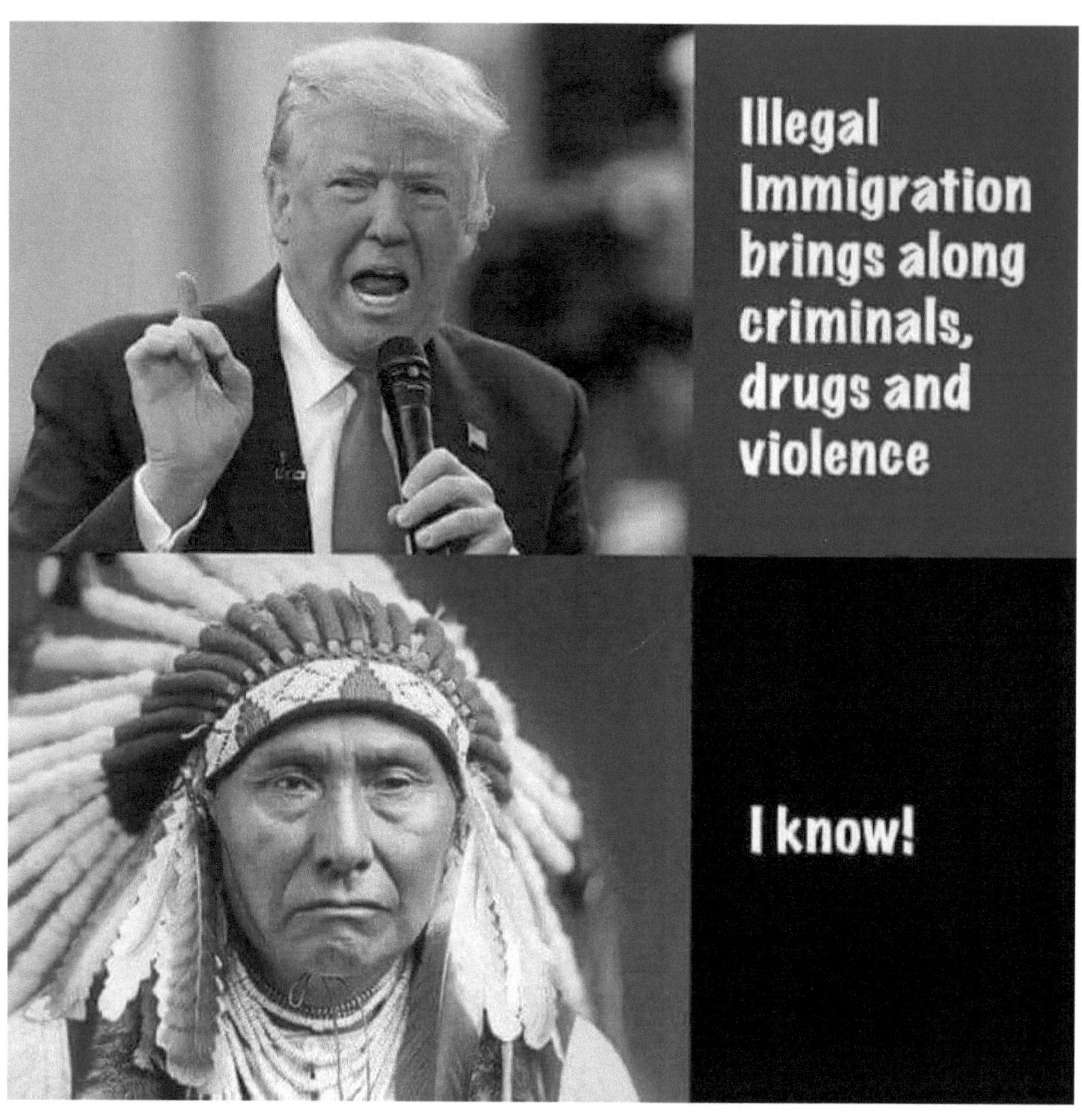

Illegal
Immigration
brings along
criminals,
drugs and
violence

I know!